DER ACCENTUIRTE SATZSCHLUSS

IN DER GRIECHISCHEN PROSA

VOM IV. BIS XVI. JAHRHUNDERT

NACHGEWIESEN

VON **WILHELM MEYER** AUS SPEYER

PROFESSOR IN GÖTTINGEN.

———◇—◈—◇———

WILHELM CHRIST

GEWIDMET ZUM 2. AUGUST 1891.

———◄■◆■►———

COMMISSIONSVERLAG DER DEUERLICH'SCHEN BUCHHANDLUNG
IN GÖTTINGEN.

Die griechische Literatur nimmt im 5. Jahrhundert nach Christus zum grossen Theil eine ganz besondere Färbung an. Der kleinere Theil von Schriftstellern arbeitet mit dem besten Willen, allein mit ziemlich schwachen Kräften im alten Geiste weiter; dagegen in den Schriften des andern, immer grösser werdenden Theiles herrscht zunächst eine glühende masslose Beredsamkeit, welche den byzantinischen Schwulst sprüchwörtlich gemacht hat. Diese Thatsache ist leicht zu erkennen; die Ursachen derselben hoffe ich an anderm Orte näher beleuchten zu können. Ebenso merkwürdig ist der Klang dieser Schriften. Wir fühlen uns beim Lesen wie im Taumel dahingerissen, ohne Aufenthalt und ohne dass wir zur Besinnung kommen können.

Diesen Taumel fühlen wir, allein wir begreifen und wissen noch nicht, durch welche Kunst oder Künstelei des Wortgefüges diese Schriftsteller das fertig bringen. Wenn Dichter, wie Georgios Pisida, nur im Versschluss Sinnespausen zulassen, so ist das ein solches Mittel. Für jene Prosa aber ist noch kein Klanggesetz gefunden.

Ich suchte einmal, ob vielleicht das Zusammenstossen accentuirter Silben, wie σαφοῦς πίστεως, vermieden und dadurch der weiche und glatte Klang der Sätze erzielt worden sei: allein, wenn auch manche dieser Schriftsteller nur selten diesen harten Tonfall zulassen, so vermochte ich noch nicht die Erscheinungen in eine klare Regel zu fassen. Endlich fand ich das Gesetz, welches ich hier darlegen will. Durch dasselbe wird zunächst festgestellt, dass in der spätern griechischen Prosa die Wortaccente berücksichtigt wurden, nicht die Quantität, während in der früheren griechischen wie lateinischen Prosa die Quantität der Silben, nicht ihr Accent berücksichtigt worden war. Zweitens können wir den wie im Taumel fortreissenden Klang dieser Schriften, den wir bisher nur mit dem Ohre fühlten, jetzt, wenigstens zum Theile, mit dem Verstande begreifen.

Zu meinem Gesetze wurde ich geführt durch das eines Andern. Als ich 1886 das Räthsel vom Ursprung der griechischen und lateinischen und damit der ganzen modernen rythmischen Dichtkunst behandelte und auch behauptete, diese Dichtweise der Griechen sei den semitischen, insbesondere den syrischen Christen nachgeahmt, da fand ich wenig Lob, viel Tadel. Als ich jetzt einen Beweis vorlegen wollte, welcher diejenigen, welche überhaupt zu belehren sind, überzeugen wird, dass ich Recht habe, und dabei das durchlesen musste, was für und gegen mich geschrieben worden ist, habe ich auch durchgearbeitet das Buch von P. Edmond Bouvy des Augustins de l'Assomption: »Poètes et mélodes. Étude sur les Origines du Rythme tonique dans l'hymnographie de l'église Grecque«, Nimes 1886, XIV und 384 S. Ein Theil meiner Arbeit behandelt denselben Stoff wie Bouvy's Buch; darauf werde ich an anderer Stelle zurückkommen. Unsere Kritiker haben Bouvy's Buch gegen mich zu verwerthen gesucht; allein charakteristischer Weise haben dieselben, so viel ich weiss, den einzigen richtigen und wichtigen Theil desselben nicht erkannt und nicht verwerthet.

Bouvy entwickelt S. 189—206, 353—355 und 361—363 eine neue Theorie über La prose syntonique, welche darauf hinausläuft, dass die Redner der spätern Zeit, Himerius und dann christliche Prediger von 600 ab, eine Reihe sich folgender Sätze oder Satzglieder mit dem gleichen Wortaccent geschlossen hätten (correspondances toniques). Für diese Regel sei das technische Wort σύντονος gewesen. Allein sowohl diese Theorie wie der vermeintliche Terminus technicus sind falsch. Bouvy führt (S. 192 und 201) 3 Stellen an, welche beweisen sollen, dass σύντονος die technische Bedeutung von consonans gehabt habe: Himerius 14. Rede im Anfang τὴν ἁρμονίαν τὴν σύντονον, Photius (Bibl. cod. 165 σύντονος .. καὶ γοργός) und Sophronius (Migne Patrol. Gr. 87ᶜ, p. 3388 χαρακτὴρ .. σύντονος); allein an all diesen 3 Stellen hat σύντονος ganz deutlich die gewöhnliche rhetorische Bedeutung von »contentus, straff, ernst, streng« im Gegensatz zu ἀνειμένος und ἔκλυτος, und die Art, wie Bouvy den klaren Wortlaut hier verdreht hat, erweckt gerechtes Misstrauen gegen seine wissenschaftliche Methode. Doch nicht nur der Name ist falsch, sondern auch die Sache. Dass künstelnde

Prosaiker eine Kette von Sätzen oder Satzgliedern stets mit Oxytona, eine andere stets mit Paroxytona, eine dritte mit Proparoxytona geschlossen hätten, je nach dem Wechsel der Stimmung: das wäre ja denkbar; allein weder Bouvy hat ein Schriftstück der Art nachgewiesen noch konnte ich eines finden.

Bouvy ist zu seiner unbegründeten Hypothese von der »Prose syntonique» verführt worden, dadurch dass er eine einzelne Beobachtung begründen und verallgemeinern wollte. Er sagt S. 353, § 4 »En lui-même, le principe syntonique était absolument général, et pouvait s'appliquer, soit aux correspondances proparoxytoniques, soit aux correspondances d'oxytons et de paroxytons. Mais de fait, les désinences proparoxytoniques prirent le dessus, au point d'exclure les autres chez certains auteurs. . § 5 Le principe syntonique s'étendit quelquefois du dernier pied tonique à l'avant-dernier, et il se produisit ce que nous avons appelé *une dipodie dactylique*, à la fin des incises. C'est à cette dipodie de six syllabes que s'arretèrent, dans les homélies byzantines, les correspondances régulières de l'accent«. Das heisst also: griechische Prosaiker der späteren Zeit haben vor Sinnespausen regelmässig Proparoxytonon gesetzt, andere liessen diesem schliessenden Proparoxytonon noch ein anderes vorangehen.

Als ich das las, packte es mich. Wenn die Regel richtig war, war sie wichtig. Bei Sophronius fand ich Bouvy's Regel richtig: Sophronius hat vor starken und schwachen Einschnitten sowohl auf die 3. wie auf die 6. Silbe vollen Accent gesetzt: nicht auf die 5. und 4., nicht auf die 2. und 1. So hielt ich Bouvy's ganze Regel für richtig; in diesem guten Glauben arbeitete ich weiter; ich suchte die Gesetze des doppeldaktylischen Schlusses, die Bouvy nur unvollkommen skizzirt hat, festzusetzen, ebenso den Kreis der Schriftsteller, welche diese Schlüsse angewendet haben, richtiger zu bestimmen.

Allein dabei gerieth ich immer mehr in Schwierigkeiten. Bouvy sagt, es gäbe Schriftsteller, welche vor den Einschnitten nur Proparoxytona gesetzt hätten. Allein es ist kein Schriftsteller zu finden, welcher vor Einschnitten einerseits nur Proparoxytona gesetzt hätte, anderseits Schlüsse wie ἅπαντες ἄνθρωποι, πάντες ἄνθρωποι, σοφὸς ἄνθρωπος bunt gemischt zeigte, sondern jeder, welcher seine Einschnitte regelmässig mit einem Daktylus schliesst, lässt demselben ebenso regelmässig einen Daktylus vorangehen, schliesst also nur mit ἅπαντες ἄνθρωποι, nicht aber mit ἅπας ἄνθρωπος oder σοφὸς ἄνθρωπος. Und doch, wie kann man sich das Aufkommen jener Regel denken, dass vor Sinnespausen doppeldaktylischer Accentschluss stehen muss, ohne dass vorher die andere einfache Regel existirt hätte, welche vor Einschnitten regelmässig einfaches Proparoxytonon verlangte? Dann fand ich, dass der Historiker Agathias vor Sinnespausen äusserst selten Oxytonon, oft Proparoxytonon, regelmässig Paroxytonon gesetzt hat. Auch darnach musste man eine Entwicklung der Art construiren, dass vor Sinnespausen zuerst eine Lehre die Oxytona verbannte, eine zweite sowohl Oxytona wie Paroxytona verwarf und nur Proparoxytona gestattete, eine dritte endlich allerdings auch nur Proparoxytona gestattete, aber diesen stets noch ein Proparoxytonon vorangehen liess. Für die erste Stufe konnte Agathias, für die dritte Sophronius den Beweis geben; allein ein Schriftsteller, welcher auf der 2. Stufe steht und mit einfachem Proparoxytonon schliesst, war wie gesagt nicht zu finden. Solche Lücken machen bei derartigen Untersuchungen mich stets bedenklich.

Dazu gesellte sich ein weiteres Bedenken. Es gibt Schriftsteller wie Theophylaktus, welche hie und da mit Oxytonon oder Paroxytonon schliessen, aber in solcher Ueberzahl mit Proparoxytonon, dass sie offenbar die Regel vom daktylischen rythmischen Schlusse befolgen. Allein diese Leute lassen dem schliessenden Proparoxytonon mit ängstlicher Gewissenhaftigkeit stets einen andern Accentdaktylus vorangehen. Wie geht es zu, dass dieselben Leute auf der einen Seite so lässig sind, oxytone und paroxytone Schlüsse einzumischen, auf der andern Seite so pedantisch und gewissenhaft, dass sie unter die gewaltigen Massen von rythmischen Doppeldaktylen, neben den oxytonen und paroxytonen Ausnahmen nicht oft einfache Proparoxytona zulassen? Das führte mich zu dem Gedanken, ob vielleicht hier nicht der schliessende Daktylus die Haupsache sei, sondern der vorangehende. Damit hatte ich das rythmische Gesetz gefunden, dessen Wesen und Entwicklung ich nun darlegen will.

DAS GESETZ SELBST. Zwölf Jahrhunderte lang haben griechische Schriftsteller die Regel befolgt: die Silben, welche einer Sinnespause unmittelbar vorangehen, sollen einen bestimmten Tonfall haben; hiebei soll aber nicht die Länge oder Kürze der Silben, sondern nur der Wortaccent berücksichtigt werden; und zwar

sollen *vor* der letzten Hebung der Art mindestens
2 Senkungen stehen, wie ἀπάντων ἀνθρώπων; *nach* der
letzten Hebung kann stehen, was will; also: διαλέ-
γονται ἄνθρωποι. ἀπάντων ἀνθρώπων. ἅπας σοφός.
σοφίαν τιμᾷ.

Bei den Anhängern dieser Regel zeigt sich zunächst ein Unterschied in Betreff der Sinnespausen, der Einschnitte selbst.
Die meisten führen die rythmische Regel auch vor linden Einschnitten durch; die andern lassen bei schwachen Einschnitten die
Regel bei Seite, befolgen sie aber bei den starken. Dann ist
bei diesen Untersuchungen zu erwägen der Zustand der Texte.
Viele Predigten und Geschichtswerke liegen schon in alten Handschriften in verschiedenen Umarbeitungen vor; die Ausgaben der
gesammten byzantinischen Literatur lassen noch vieles zu wünschen
und, wer wie ich vielfach mit dem Bonner Corpus scriptorum
historiae Byzantinae oder Migne's Cursus Patrologiae Graecae
arbeiten muss, ist vielen Irrthümern ausgesetzt.

Als Beispiel der Regel gebe ich hier das 2. Kapitel des
Lobes der Kahlheit von Synesius. Ich bezeichne mit · die schwachen,
mit : die starken, mit * oder mit ⁂ die stärksten Einschnitte; mit
† bezeichne ich die Schlüsse, welche meiner Regel nicht entsprechen.

ταῦτ' ἄρα ἐποτνιώμην· καὶ μικρὸν οὐδὲν ἐπενόουν περὶ τῆς συμφορᾶς*
ἐπεὶ δὲ ὅ τε χρόνος αὐτὴν συνηθεστέραν ἐποίησε· καὶ ὁ λόγος ἀντεισιὼν
κατεξανίστη τοῦ πάθους· τὸ δὲ κατὰ μικρὸν ὑπεξίστατο: ἤδη διὰ ταῦτα
ῥᾴων ἦν καὶ ἀνέφερον* νυνὶ δὲ ἀνθυπήνεγκεν αὐτὸ ῥεῦμα ἕτερον οὗτος
αὐτὸς ὁ Δίων† καὶ ἐπανήκει μοι μετὰ συνηγόρου* πρὸς δύο δὲ (φησὶν
ὁ λόγος) οὐδ' Ἡρακλῆς: εἰ τοὺς Μολιονίδας ἐκ λόχου προσπεσόντας οὐκ
ἤνεγκεν· ἀλλὰ καὶ πρὸς τὴν ὕδραν ἀγωνιζόμενος· τέως μὲν εἰς ἑνὶ συνε-
στήκεσαν: ἐπεὶ δὲ ὁ καρχίνος αὐτῇ παρεγένετο· κἂν ἀπεῖπεν εἰ μὴ τὴν
Ἰόλεω συμμαχίαν ἀντεπηγάγετο* Κἀγώ μοι δοκῶ παραπλήσιόν τι παθεῖν
ὑπὸ Δίωνος· οὐκ ἔχων ἀδελφιδοῦν τὸν Ἰόλεων* πάλιν οὖν ἐκλαθόμενος·
ἐμαυτοῦ τε καὶ τῶν λογισμῶν· ἐλεγεῖα ποιῶ, θρῆνον (so die Handschriften; θρηνῶν Krabinger) ἐπὶ τῇ κόμῃ* σὺ δὲ ἐπειδὴ φαλακρῶν
μὲν ὁ κράτιστος εἶ· δοκεῖς δέ τις εἶναι γεννάδας· ὃς οὐδὲ ἐμπάζῃ τῆς
συμφορᾶς· ἀλλὰ καὶ ὅταν ἔτνους προκειμένου μετώπων ἐξέτασις γίνηται·
σαυτὸν ἐπιλέγεις· ὡς ἐπ' ἀγαθῷ δή τινι φιλοτιμούμενος: οὐκοῦν ἀνάσχου
τοῦ λόγου· καὶ τήρησον ἐν πείσῃ (φασὶ) τὴν καρδίαν· ὥσπερ ὁ Ὀδυσσεὺς
πρὸς τὴν ἀναγωγίαν τῶν γυναικῶν ἀνέκπληκτος ἔμεινε· καὶ σὺ πειρῶ
μηδὲν ὑπὸ τούτου παθεῖν* Ἀλλ' οὐκ ἂν δύναιο; † Τί φής; † Καὶ μὴν
δυνήσῃ † Τοιγαροῦν ἄκουε † Δεῖ δὲ οὐδὲν ἐξελίττειν τὸ βιβλίον· ἀλλ'

αὐτὸς ἐρῶ· καὶ γὰρ οὐδὲ πολύστιχόν ἐστι: γλαφυρὸν μέντοι καὶ τὸ κάλλος αὐτοῦ προσιζάνει τῇ μνήμῃ· ὥστε οὐδὲ βουλόμενον ἐπιλαθέσθαι με οἶόν τε **

Dieses Stück ist nicht als besonders günstige Belegstelle ausgesucht; sondern ich nehme es desshalb, weil ihm eine längere aus Dion, dem Vorbild und Gegner des Synesius, citirte Stelle folgt. Diese lautet: Kap. 3 Ἀναστὰς ἕωθεν καὶ τοὺς θεοὺς προειπὼν ὅπερ εἴωθα· ἐπεμελούμην τῆς κόμης* καὶ γὰρ ἐτύγχανον μαλακώτερον τὸ σῶμα ἔχων † ἡ δὲ ἠμέλητο ἐκ πλείονος * πάνυ γοῦν συνέστραπτο † καὶ συνεπέπλεκτο τὰ πολλὰ αὐτῆς † οἷον τῶν ὅλων τὰ περὶ τοῖς σκέλεσιν αἰωρούμενα * πολὺ δὲ ταῦτα σκληρότερα· ὡς ἂν ἐκ λεπτοτέρων συμπεπλεγμένα τῶν τριχῶν † ἦν οὖν ὀφθῆναί τε ἀγρία ἡ κόμη καὶ βαρεῖα † μόλις δὲ διελύετο· καὶ τὰ πολλὰ αὐτῆς ἀπεσπᾶτο καὶ διετείνετο * Οὐκοῦν ἐπῄει μοι τοὺς φιλοκόμους ἐπαινεῖν † οἳ φιλόκαλοι ὄντες καὶ τὰς κόμας περὶ πλείστου ποιούμενοι· ἐπιμελοῦνται οὐ ῥαθύμως † ἀλλὰ κάλαμον ἔχουσιν ἀεὶ ἐν αὐτῇ τῇ κόμῃ † ᾧ ξαίνουσιν αὐτὴν † ὅταν σχολὴν ἄγωσι † καὶ τοῦτο δὴ τὸ χαλεπώτατον· χαμαὶ κοιμώμενοι φυλάττουσιν † ὅπως μηδέποτε ἅψωνται τῆς γῆς † ὑπερείδοντες ὑπὸ τήν κεφαλὴν μικρὸν ξύλον † ὅπως ἀπέχῃ τῆς γῆς ὡς πλεῖστον † καὶ μᾶλλον φροντίζουσι τοῦ καθαρὰν φέρειν τὴν κόμην· ἢ τοῦ ἡδέως καθεύδειν· ἡ μὲν γὰρ καλούς τε καὶ φοβεροὺς ἔοικε ποιεῖν † ὁ δὲ ὕπνος· κἂν πάνυ ἡδὺς ᾖ βραδεῖς τε καὶ ἀφυλάκτους **

Die richtige Bildung des rythmischen Schlusses liegt einfach zu Tage in den Schlüssen des Synesius: οὐδὲν ἐπενόουν· συνηθεστέραν ἐποίησε· μικρὸν ὑπεξίστατο· προσπεσόντας οὐκ ἤνεγκε· ἑνὶ συνεστήκεσαν· αὐτῇ παρεγένετο· κράτιστος εἶ· εἶναι γεννάδας· ἐξέτασις γίνηται· σαυτὸν ἐπιλέγεις· ἀνέκπληκτος ἔμεινε· τούτου παθεῖν.

Weiterhin kommt hier eine Reihe von Dingen zum Vorschein, welche naturgemäss sind und sich desshalb in aller Accentdichtung finden; das Vorhandensein derselben insbesondere in der griechischen Accentdichtung habe ich in dem betreffenden Abschnitt meiner Abhandlung über den Anfang und Ursprung der rythmischen Dichtung dargelegt. In den Ausdrücken: »Willst du nicht schlafen« »Willst du nicht befreien« »Wolltest du nicht schlafen« bildet »nicht« und »du« bald Hebung, bald Senkung; so ist es in der deutschen, lateinischen und griechischen Dichtung mit allen Hilfswörtern der Sprache, besonders dem Artikel, den Conjunktionen und Adverbien. Die griechischen Wörter der Art mögen accentuirt sein oder nicht, sie können ohne irgend eine Schranke als tonlos behandelt werden; die zweisilbigen Präpositionen und mitunter auch

die Pronomina können tonlos gebraucht oder mittelst des Nebenaccentes beliebig betont werden. Also sind richtig auch die Schlüsse
des Synesius: κατεξανίστη τοῦ πάθους· ἦν καὶ ἀνέφερον· προσπεσόντας
οὐκ ἤνεγκεν· παθεῖν ὑπὸ Δίωνος· ἀδελφιδοῦν τὸν Ἰόλεων· ἀνάσχου τοῦ
λόγου· φασὶ τὴν καρδίαν· ἐπιλαθέσθαι με οἷόν τε.

Dieselben Hilfswörter der Sprache können auch als Hebung
gebraucht werden, aber nur, wie jede nicht mit einem Accent be-
legte Silbe, nach der folgenden Regel vom Nebenaccent.
Die Griechen setzen einen sichtbaren Accent nur auf eine der
letzten 3 Silben. Wie steht es nun mit Fällen wie ἅπαντα καταφι-
λοτιμούμενος? Es wäre ein Unsinn zu sagen, dass hier oder in
ómnia imperavérámus nur die mit dem grammatischen Accent be-
legten Silben stark, alle andern gleichmässig schwach betont würden.
In den Sprachen, welche an der Betonung der Stammsilben fest-
halten, wie in der deutschen, ist die Betonung der Silben ent-
schieden. Dagegen in den Sprachen, welche bei der Vertheilung
des Worttons sich nicht um die Stammsilben kümmern, werden die
starken und schwachen Accente nach einem bestimmten Wohlklangs-
gesetz vertheilt, das eigentlich alles Sprechen und Singen beherrscht.

Dasselbe verlangt, dass zwischen 2 betonten Silben mindestens 1
unbetonte Silbe stehen muss, aber nicht mehr als 2 stehen dürfen:
mágna láudas, mágna laudámus; dagegen mágna laudabámus, mágna
laudaverámus, córpora laudaverámus können wir nicht sprechen,
noch viel weniger singen, ohne dass wir zwischen den beiden bestimmten grammatischen Accenten einen oder 2 andere, Nebenaccente, setzen. Diese *Wellenbewegung* der Worttöne erzwingt also,
dass von 3 unbestimmten Silben die 2., von 4 die 2. oder die 3.,
von 5 in der Regel die 3. mit einem Nebenaccent belegt wird.
Darin liegt andererseits, dass jeder Nebenaccent von einer voll
accentuirten Silbe durch eine oder 2 unbetonte Silben getrennt
sein muss; hieraus wiederum, dass diese Sprachen, wie die latei-
nische griechische und alle modernen romanischen, keine 3 betonten
Silben neben einander bringen, also in der Dichtung keine Spon-
deen, desshalb aber auch keine regelmässigen Versfüsse bauen und
keine der antiken Zeilenarten nachmachen können, wie ich das in
der Abhandlung über den Ursprung der rythmischen Dichtung
(Schluss) gezeigt habe. Dagegen die logischen Sprachen, wie die
deutsche, müssen betonte Silben oft neben einander setzen, leider
oft auf Kosten des Wohlklangs; allein so bald mehr als 2 freie oder
unbetonte Silben neben einander kommen, tritt jenes Wellengesetz

der Aussprache in Kraft; so kann in dem obigen Satze »Willst du nicht helfen« jede von beiden Senkungen Hebung werden: »Hast du nicht geholfen, Hattest dú geholfen, Hattest dú nicht geholfen, Hattest du nicht geholfen. Die griechische quantitätslose Dichtung lässt den Nebenaccent ebenso zu; so dass der Tonfall —◡—◡—◡— sowohl durch ἄνθρωπός λογίζεται wie durch λόγισμὸς ὁ πόνηρός wieder gegeben werden kann. Nur in den feiner gebauten Strophen der Hymnen werden, wie ich (Anfang u. Urspr. S. 319) bemerkt habe, für gewisse Stellen der Zeile nur volle, für andere Stellen nur Nebenaccente zugelassen.

Dieser Nebenaccent ist nun auch in dem rythmischen Bau der Sinnespausen zugelassen. Es darf also die 3. Stelle vor der letzten Hebung durch eine Silbe ohne grammatischen Accent oder durch ein Hilfswort der Sprache gefüllt werden, jedoch unter der Bedingung, dass auch die vorangehende, die 4., Silbe derselben Art ist. So erklären sich als durchaus regelrichtig die obigen Schlüsse des Synesius: ἄρα ἐποτνιώμην· περὶ τῆς συμφορᾶς· λόγος οὐδ' Ἡρακλῆς· ὕδραν ἀγωνιζόμενος. συμμαχίαν ἀντεπηγάγετο· πάλιν οὖν ἐκλαθόμενος· τὲ καὶ τῶν λογισμῶν· θρῆνον ἐπὶ τῇ κόμῃ· ἐμπάζῃ τῆς συμφορᾶς· τινι φιλοτιμούμενος.

Es bleiben folgende Schlüsse des Synesius: οὗτος αὐτὸς ὁ Δίων †; hier ist vielleicht ὁ Δίων von einem Leser zugesetzt; wenn nicht, so ist leicht durch Umstellung zu helfen. Ἀλλ' οὐκ ἄν δύναιο; Τί φής; Καὶ μὴν δυνήσῃ· Τοιγαροῦν ἄκουε· In solchen abgerissenen Sätzen, wie auch in den Uebergangsformeln der Historiker »καὶ ταῦτα μὲν οὕτως ἦν« und in ähnlichen, macht die Kürze des Satzes einen rhetorischen Bau des Schlusses unnöthig oder unmöglich. Nach ἀλλ' αὐτὸς ἐρῶ muss man wohl einschneiden; dann sehe ich noch keinen sichern Weg, wie der falsche Rythmus zu bessern ist. Der folgende Schluss οὐδὲ πολύστιχον ἐστι ist richtig; die einsilbigen Enklitika werden durchaus als freie Wörter behandelt, und ἐστι wird, wohl in Erinnerung an ἔστι, oft auf der ersten Silbe betont.

Demnach sind zunächst e r l a u b t all die verschiedenen Schlüsse: $\left.\begin{matrix}\text{–}\\\text{◡}\end{matrix}\right\}$ ◡◡⏜◡◡, $\left.\begin{matrix}\text{–}\\\text{◡}\end{matrix}\right\}$ ◡◡⏜◡, $\left.\begin{matrix}\text{–}\\\text{◡}\end{matrix}\right\}$ ◡◡⏜, also συνηθεστέραν ἐποίησε oder ὕδραν ἀγωνιζόμενος, εἶναι γεννάδας oder θαυμασιώτερός ἂν φανῆναι, ἐθέλομεν εἶναι καλοί oder τεθέαται τελετήν.

F a l s c h sind also nach meiner Regel zunächst die Schlüsse, in welchen eine der beiden Silben, die der letzten Hebung vorangehen, vollen und sichtbaren Accent hat, wie in dem obigen Stücke des Dion σῶμα ἔχων, πολλὰ αὐτῆς, ἐν αὐτῇ τῇ κόμῃ, σχολὴν ἄγωσι, μικρὸν ξύλον, τῆς γῆς ὡς πλεῖστον.   Von dem, was ich bei Synesius durchlas, will ich hier nur Einiges ausheben: Enc. calv. cap. 5 (187, 15 Krabinger) τοῦ συμφυοῦς φορτίου, doch notirt Krabinger »συμφυοῦς καὶ φορτίου Mon. E«.   Daselbst cap. 4 Anfang »κομιδῇ γέ τοι τὴν πρώτην ἑαλωκὼς τοῦ λόγου, νῦν μοι δοκεῖ Δίων λέγειν μὲν εἶναι δεινός . .«, hier ist ἑαλωκότι zu schreiben.   Daselbst im letzten Kapitel (237, 12) μετριωτέραν κουρὰν καὶ σώφρονα: notirt Krabinger »κουρὰν μετριωτέραν καὶ σώφρονα Par. AC. Mon. AE. Vat. Marc. A«.

Schwieriger ist die Beobachtung des Nebenaccentes. Der Zweck der ganzen Regel war doch nur der, dass durch die 2 Senkungen vor der letzten Hebung leichter und flüssiger Tonfall des Schlusses herbeigeführt werden sollte. Dieser flüchtige Schluss wurde durch Verbindungen wie die obigen σοφοῦ ἀνθρώπου oder σοφοῦ λόγου gewiss zerstört. In Verbindungen wie ἐπαινέσαι προελόμενος oder ῥητορικὴν δὲ οὐκ ἐργάζομαι fällt eigentlich auf die mittlere der 3 tonlosen oder freien Silben ein Nebenaccent und desswegen wird von manchen Schriftstellern eine solche Bildung des Schlusses, wo der letzten Hebung nur 3 unbetonte oder freie Silben vorangehen, gemieden. Allein man kann sich denken, dass andere Schriftsteller damit zufrieden waren, wenn sie vor der letzten Hebung 2 vom grammatischen Accent freie Silben gesetzt hatten, und sich um die Beschaffenheit der diesen vorangehenden Silben nicht weiter kümmerten. Dieser Erwägung entsprechen die Thatsachen. Viele Schriftsteller haben Schlüsse wie σοφοῦ λόγου, πανσόφου λόγου durchaus gemieden, dagegen Schlüsse wie ἐπαινέσαι προελόμενος mehr oder minder oft zugelassen. Jeder Schriftsteller muss darauf hin geprüft werden. Sophronius hat die Eigenthümlichkeit, dass er auf die vorletzte Hebung regelmässig vollen Accent setzt; manche lassen auf der vorletzten Hebung Nebenaccent zu, so also dass der letzten Hebung mindestens 4 unbetonte oder freie Silben vorangehen; viele aber lassen vor der letzten Hebung auch 3 unbetonte oder freie Silben zu, begnügen sich also mit der Regel, dass der letzten Accenthebung mindestens 2 Silben vorangehen müssen, welche keinen vollen Accent haben. Ehe man also nach der von mir aufgestellten Regel den Text eines Schriftstellers bessert, muss immer zuerst fest gestellt werden, ob er diese bezeichnete Freiheit sich gestattet, oder nicht. Bei Synesius z. B. sind 3 unbetonte Silben vor der letzten Hebung

jedenfalls selten. Wenn nun Krabinger zu S. 186, 2 γραφέως τὸ ἐν
βέλει notirt die Lesarten τὸν ἐμβελῆ oder τὸν ἐμμελῆ, dann zu 187, 9
ἠμέλει τῶν τριχῶν »τῶν om. Par. C», zu 187, 13 ἠμφίεσται τοῦ σώ-
ματος »τοῦ abest a Par. C. Vat. et Marc. A«, so sind seine in den
Text gesetzten Lesarten sehr verdächtig. Da aber zu S. 184, 6
ἐπαινέσαι προελόμενος; 185, 15 ῥητορικὴν δὲ οὐκ ἐργάζομαι und zu
S. 179, 10 δεῖ δὲ οὐδὲν ἐξελίττειν τὸ βιβλίον Krabinger keine abwei-
chenden Lesarten notirt, so wird wahrscheinlich, dass auch Synesius
sich bisweilen die Freiheit gestattet hat, vor der letzten Hebung
3 unbetonte Silben zu setzen.

DIE ANWENDUNG DES GESETZES.

Das Merkwürdigste an dem dargelegten Gesetze ist dessen Dauer
und Ausdehnung. Ich habe rasch durchlaufen den Cursus patrologiae
Graecae von Migne Bd. 40—163, das Bonner Corpus Scriptorum historiae
Byzantinae und, was mir sonst in die Hände fiel. Manches werde
ich bei der raschen Arbeit übersehen haben; doch Vieles habe ich
gefunden: jedenfalls genug, um das Fundament zu legen, auf dem
jetzt einzelne Untersuchungen aufgebaut werden können.

Bei diesem Suchen habe ich auf folgende Dinge geachtet:

I. Was steht **vor** der letzten Hebung?

1) Der Anfang des Gesetzes war wohl der, dass bei Sinnespausen
vor der letzten Hebung mindestens 2 Senkungen stehen müssten,
aber auch 3, 4 und mehr stehen könnten. Fast zu allen Zeiten
finden sich Schriftsteller, welche sich Schlüsse gestatteten, wie χλα-
μύδὰ ἐνειμένος. στρατηγοῖς διακομίσας. μεγαλαυχοῦσι καὶ βρενθύονται.
εἴχετο πορείας. ἀπερισκέπτως ἐπελθών.

2) Da aber, wie oben bemerkt, nach wie vor 2 Senkungen
stets eine Hebung eintritt, dagegen von 3 unbetonten Silben die
mittlere mindestens einen Nebenton erhält, so haben viele es gemieden, vor der letzten Hebung nur 3 unbetonte Silben zu setzen;
sie haben also vor der letzten Hebung 2 oder 4 oder 5 oder mehr
unbetonte oder freie Silben gesetzt, so dass auf die 3. Silbe vor
der letzten Hebung ein regelmässiger Nebenaccent fiel und so diese
Silbe zur Hebung wurde. In dieser rythmisch richtigen und
reinen Ausbildung des Schlusses steht also vor der letzten Hebung
ein rythmischer Daktylus. Hiernach sind also gestattet folgende
Schlüsse: zunächst die vollbetonten ἐκεῖσε γιγνόμενα· ἀνασταίη πρὸς
στάσιν· διαβοήτων ἀνδρός; dann die Schlüsse mit Nebenaccent μυριάσιν
ἐπιστρατεύσαντος· πεποίηχέν ὑποχείρια· λέγω διασαφῆσαι· ἄλογὸν ἐξουσίαν·

ὠνεῖται τὴν βασιλείαν· κινήσεων ἀποκαταστάσεις· ἁρμόσαι διαφοραῖς· ὕπαρχοί σὺν αὐτῇ· ἀλλοιότερον διαγεγονώς.

3) Sehr selten wird vermieden, die vorletzte Hebung überhaupt durch Nebenaccent zu bilden; nur Sophronius setzt z. B. in der Weihnachtspredigt auch auf die vorletzte Hebung fast immer vollen Accent.

Demnach rechnete ich Schriftsteller, welche nur die unter 1) und 2) aufgeführten Schlüsse vor Sinnespausen zulassen, zu den Anhängern dieser Regel; dagegen schloss ich diejenigen aus, welche auf der 2. oder 1. Silbe vor der letzten Hebung oft vollen Accent setzen, wie oben Dion bei Synesius: σῶμα ἔχων· πολλὰ αὐτῆς· αὐτῇ τῇ κόμῃ· dann σοφὸς ἄνθρωπος· ἐπαινεῖ πάντας.

II. Was steht **nach** der letzten Hebung: 2 Senkungen oder eine oder gar keine?   1) Nach der ursprünglichen und zuletzt wieder alleinherrschenden Regel galt hier keine Beschränkung: Proparoxytona, Paroxytona, Oxytona bildeten die Schlüsse ohne weiteren Unterschied; also doppeldaktylische, adonische und choriambische Schlüsse, wie συλλέγονται ἄνθρωποι· ἐξανίστη τοῦ πάθους. δωρεῖται νεκρῷ.   2) Hie und da findet sich Vorliebe für eine bestimmte Art von Schlussaccent.   Agathias, der von 81 Pentametern 58 mit Paroxytonon, 23 mit Proparoxytonon, keinen mit Oxytonon schliesst, setzt vor den Sinnespausen seiner Prosa meistens adonischen, minder oft doppeldaktylischen, sehr selten choriambischen Schluss.   3) Bei ziemlich vielen Schriftstellern, besonders bei Theophylaktus Simokatta, findet sich besondere Vorliebe für den schliessenden Daktylus; paroxytone und oxytone Schlüsse werden viel seltener zugelassen. So bildete sich gegen Ende des 6. Jahrhunderts die Künstelei, dass nur der doppeldaktylische Schluss gestattet wurde. Diese Regel, deren Hauptvertreter Sophronius ist, scheint bis ins 10. Jahrhundert nur sehr wenige Anhänger gefunden zu haben.

III. Wie lang sind die kleinsten rythmischen Reihen bei jedem Schriftsteller?   Diese Frage ist bei den Anhängern des doppeldaktylischen Schlusses leicht zu beantworten, sehr schwer aber bei den übrigen. Die Analogie der doppeldaktylischen Schlüsse spricht dafür, dass auch die übrigen rythmischen Reihen in der Regel nicht ganz eine gewöhnliche Druckzeile einnehmen. Meistens könnte man eine Menge kleinerer Reihen annehmen; so könnte man z. B. bei Agathias IV 8 theilen ἦν δὲ πάντως αὐτῷ· προεσκεμμένον· καὶ ἐγκριθὲν μηδὲν ἄλλο δοκεῖν·

αἴτιον εἶναι· τοῦ ἐνδεῶς· ἡμῖν τι πεπρᾶχθαι·, allein was folgt, lautet: ἢ μόνον ἀνανδρίαν γνώμης καὶ χειρῶν ἀσθένειαν καὶ βουλευμάτων ἀβελτερίαν. Hier wäre nach meiner Regel nur nach βουλευμάτων ein Einschnitt richtig; aber vor dem letzten Worte ist ein solcher Halt natürlich unmöglich. Der also fest stehende Umfang der Reihe ἢ μόνον bis ἀβελτερίαν zeigt, dass auch in den vorangehenden Worten nur 2 rythmische Reihen anzunehmen sind: ἦν δὲ πάντως αὐτῷ προεσκεμμένον καὶ ἐγκριθὲν· μηδὲν ἄλλο δοκεῖν αἴτιον εἶναι τοῦ ἐνδεῶς ἡμῖν τι πεπράχθαι.

Anfang und Ursprung des accentuirten Satzschlusses. Synesius ist der erste, bei dem ich das Gesetz bis jetzt gefunden habe. Er schrieb in den letzten Jahrzehnten des 4. Jahrhunderts und in den ersten des 5. Allein bei ihm ist das Gesetz bereits vollkommen und fertig; aufgekommen und ausgebildet muss es also früher sein. Den Anfang dieses Gesetzes habe ich noch nicht genügend erforscht. Auch dies Gesetz wird, wie so viele ähnliche, anfangs nur eine Wohlklangsregel gewesen sein, die man meistens befolgte, jedoch, wenn Anderes dazu rieth, gelegentlich auch verletzte. Ist dies wirklich so gewesen, so müssen sich Schriftsteller vor Synesius finden, welche in Sinnespausen seltener, als dies die Natur der griechischen Sprache mit sich bringt, auf einer der 2 Silben, welche der letzten Hebung vorangehen, einen vollen Accent zulassen. Himerius, welcher nach Bouvy S. 192—195 »est allé plus loin encore dans la recherche de l'homotonie« und bei welchem »l'accent, la *syntonie* menait le triomphe«, hat in den ersten 20 Zeilen der 14. Rede folgende Schlüsse: θεοῖς ηὔξαντο· ὁ; αὐτῷ τοῦ πάθους, λαβών; μέλους ψάλλεσθαι. Περί; ἀσχολεῖ τὴν ποίησιν, μάχην; ποιητὴς ἁλίσκεται. Τῆς; τοξεύειν Ἕλλησιν. Ἰδού; ταῦτα πείθομαι. Ἀλλ᾽; προσειπεῖν τοῖς Ἕλλησι· νυνί. Demnach hat Himerius wenigstens mit meiner Regel von dem accentuirten Satzschlusse durchaus nichts zu thun.

Dagegen fand ich schon bei Porphyrius solche falschen Schlüsse auffallend wenige, z. B. ad Marcellam cap. 1—8 nur folgende: cap. 1 ἔχειν σύνοικον· cap. 5 εἶναι δύναται· cap. 6 πρὸς θεοὺς ἀνόδῳ· cap. 7 ἀπαλλαγὴν πορίσασθαι· ἡδονῆς χαλώμενον· ἀρετῆς σπουδάζοντα· cap. 8 ἐτελέσθης λόγων.

Sicher ist die Wohlklangsregel bei Themistius. Nach Harduin's Tafel (bei Dindorf ed. 1832 S. 491) hat er die früheste Rede (I) im Jahre 347 gehalten. Auf den 19 Seiten, welche diese bei Dindorf einnimmt, fand ich bei raschem Lesen nur folgende Schlüsse:

2, 18 τῶν ἀδύτων ἵεται, οἱ δὲ· 3, 19 τοῖς ἐκείνης νόμοις· εἰ δὲ. (4, 17
ὀνόματος ὥσπερ τόκον· Ἐγὼ: als Hilfswort kann ὥσπερ tonlos sein.)
(4, 27, ἢ πάντων ἥκιστα: kurzes Uebergangsglied.) 5, 18 τῶν ἄλλων
ἄρχειν· καὶ. Dann 6, 3. 6, 7. 6, 16. 6, 22. 6, 27. (6, 29.) 7, 3. 7, 19.
8, 4. 8, 22. (9, 28. 10, 17. 11, 12 τὸν εὖ ποιοῦντα: εὖ ποιεῖν scheint
hie und da wie 1 Wort behandelt worden zu sein.) 12, 25. 13, 12.
(15, 5 οὐδαμῶς: Hilfswort.) 15, 23. 16, 26. 17, 32. (19, 15.) Das sind
auf 19 Seiten 17 sichere und 8 minder sichere Fälle.   Hieraus
ist sicher, dass Themistius schon 347 diese Wohlklangsregel gekannt
und ziemlich eifrig befolgt hat. Selbst die Paraphrasen zum Aristoteles, ein gewiss sehr spröder Stoff für rhetorische Darstellung,
zeigen klar das Streben diesen rhetorischen Schluss durchzuführen;
denn in dem 1. Kapitel des 3. Buches zu den Φυσικαὶ ἀκροάσεις
fand ich auf 6½ Seiten der Teubner-Ausgabe nur 16 Ausnahmen.

Allein im Laufe der Zeit nehmen die Ausnahmen bei Themistius ab. Die 4., im Jahre 357 gehaltene Rede nimmt bei Dindorf 15½ Seiten ein; darin fand ich folgende Ausnahmen S. 59, 13:
eine dunkle Stelle. 60, 8. 62, 27. (63, 16.) 63, 25. (64, 27 ὅπη: Hilfswort.) 66, 31. (70, 10 οὐδὲ: Hilfswort.) 72, 16. 73, 5. 73, 14: also
höchstens 11 Fälle auf 15½ Seiten.   Im Jahre 385 hielt Themistius die 19. Rede; auf den 9 Seiten fand ich 9 Fälle: 275, 14.
276, 6. 277, 9. (282, 26: ἀεὶ μενόντων.) 282, 29. (283, 1 Citat.) 283, 28.
(283, 31 αὐτοῦ τὸ κάλλος: Hilfswort; ebenso 284, 4 ὁ ἐμοὶ λόγοι.)

Diese Thatsachen sprechen dafür, dass in der Jugendzeit
des Themistius die Regel von dem accentuirten Schlusse vor Sinnespausen schon ziemlich Boden gewonnen hatte, doch erst im Laufe
seiner Lebenszeit, also nach 350 sich völlig ausbildete und zu einem
festen Gesetze wurde. Statistische Zusammenstellungen aus Schriftstellern dieser früheren Zeit werden diese Anfänge der Regel noch
genauer feststellen können.

Synesius (Reden nach Krabinger 1850, Briefe bei Hercher)
zeigt, wie oben (S. 7—10) nachgewiesen ist, das ausgebildete Gesetz
in den Reden; in den Briefen finden sich manche Ausnahmen:
doch mögen diese der unsichern Ueberlieferung zur Last fallen.

Theodoret, welcher um 448 seine Kirchengeschichte schrieb
und ausserdem noch umfangreiche Commentare zur Bibel und viele
kleinere Schriften und Briefe hinterlassen hat, ist für die Geschichte
dieses rhetorischen Schlusses ein wichtiger Zeuge. In der Geschichte,
in den kleineren Schriften, ja merkwürdiger Weise in den ausführlichen und wichtigen Bibel - Commentaren (Migne Bd. 80 bis 83)

fand ich das Gesetz befolgt; nur in den Briefen, auch in den neuen, von Sakkelion 1885 herausgegebenen, fand ich manche Ausnahmen.

Basilius von Seleucia, ein Zeitgenosse des Theodoret, vertritt einen andern wichtigen Zweig der Literatur. Von seinen *Predigten* habe ich die 1.—4. und die 40. geprüft (Migne 85, S. 28—461): er baut seine Sätze nach dem Gesetze vom rhetorischen Schluss. Die Vita Theklae ist kaum von ihm; ebenso ist die 41. Rede (in Stephanum) sehr fraglich.   Die Predigten und die ihnen verwandten Heiligenleben gehören zu den schwierigsten Stoffen für solche Untersuchungen. Denn oft stehen die Namen der Verfasser nicht sicher, oft liegen die Schriftstücke in Umarbeitungen vor. Man darf z. B. nur einen Blick werfen auf die Dubia und Spuria, welche fast jeden Band des Johannes Chrysostomus abschliessen. Anderseits wird gerade manches dieser Stücke mit Hilfe meines Gesetzes richtiger beurtheilt werden können.

Unter dem Namen des Theodotus, Bischof von Ancyra, der vor 446 gestorben ist, ist eine Expositio symboli Nicaeni gedruckt und 4 Predigten (Migne 77, p. 1314—1343 und 1349—1412); in der Expositio und in den beiden ersten Predigten sind oft so lange Reihen von Schlüssen richtig gebaut, dass der Verfasser unbedingt die Regel gekannt und befolgt hat; unsicher bleibt es also, ob die nicht seltenen Ausnahmen durch eine bequeme Handhabung der Regel oder durch Ueberarbeitung herein gekommen sind.

Der Historiker Zosimus, welcher zwischen 450 und 500 schrieb, verwendete den rhetorischen Schluss zum Schmucke seiner weltlichen Geschichte. Vor der letzten Hebung finden sich sehr oft nur 3 Senkungen. Ob die sehr seltenen Verstösse gegen die Regel (wie I, 18 παρασκευῇ τῇ πάσῃ· τοῦ; I, 20 ταραχῶν τοῖς πράγμασι, τὰ μὲν; I, 23 φυλακῆς εἴχετο, οἱ δὲ; I, 24 χορηγεῖν ὑπέσχετο, καὶ τοὺς; I, 25 αὐτῆς ἐλήζοντο, ὥστε: ἐληίζοντο?) Fehlern der einzigen Handschrift zuzuschreiben sind, oder ob Zosimus selbst sich noch gestattete die Wohlklangsregel hie und da zu verletzen, das wird eingehende Untersuchung noch lehren; jedenfalls entscheidet die Regel in Fällen wie I, 11 wo die gewöhnliche Lesart Φλαυιανὸν καὶ Χρηστὸν, ἄνδρας von Mendelssohn mit Unrecht in Χρῆστον geändert worden ist.

Procop von Gaza (Migne 87ᵃ bis 87ᶜ; Briefe bei Hercher). Die Lobrede auf den Kaiser Anastasius (Migne p. 2794 bis 2825; das bei Migne folgende Stück gehört dem Procop von Caesarea,

Anfang de Aedificiis) und die Prologe der ausführlichen Bibel-
Commentare folgen dem Gesetze. Die Briefe zeigen einige Ausnahmen, die Commentare selbst mehr; doch ist deren Ueberlieferung
sehr verschieden und unsicher.

Chorikius von Gaza, der Schüler des Prokop, befolgt das
Gesetz durchaus. Das zeigt sich am besten in den aus mehreren
Handschriften herausgegebenen Reden (Boissonade 1846), aber auch
in den aus der einzigen Madrider Handschrift veröffentlichten
Stücken; vgl. Ch. Graux in Revue de Philol. 1877 p. 55 und Oeuvres
p. 10—77; R. Förster im Hermes 17 S. 208—238 und im Breslauer
Index lectionum Sommer 1891; in diesem ist wohl S. 18, 3 τίτθας
(τιτθάς Cod.) ὁ μῦθος zu schreiben und S. 21, 18 κάλλους zu tilgen.
Die Echtheit der von Mai Spicil. Rom. X p. 410—463 veröffentlichten Stücke zweifelte Förster an: doch überall herrscht der rhetorische Schluss und gibt so ein gewichtiges Zeugniss für ihre
Echtheit.

Aristaenet's Briefe (bei Hercher), deren Entstehungszeit
noch nicht fest bestimmt ist, befolgen offenbar das Gesetz. Freilich
ist die einzige Handschrift stark entstellt; allein auch die Heraus-
geber scheinen nicht immer richtig gebessert zu haben. So hat
die Handschrift I 4 ὅσον αὐτὴ ἂν ἐθέλοις: Hercher ἂν αὐτὴ θέλῃς;
II 1 οὓς ἂν ἐπιστείλαιμι λόγους: Hercher ἐπιστείλω λόγους; ebenda
πτερορρυεῖν εἴωθεν ἀπογνωσθείς: Hercher lässt ἀπογνωσθείς weg. Von
der Kenntniss dieses Gesetzes ist also Manches für die bessere
Herstellung des Textes zu hoffen.

Agathias (etwa 536—582) zeigt in seinem Geschichtswerk
eine Neuerung: er lässt den oxytonen oder vielmehr choriambischen Schluss selten zu und bevorzugt wiederum den paroxytonen
oder adonischen Schluss vor dem doppel-daktylischen, ähnlich wie
er es in den Pentametern, in den Trimetern und Hexametern gemacht hat. Zwischen den beiden letzten Hebungen hat auch er
nicht selten 3 Senkungen. Die wenigen Verstösse gegen meine
Regel mögen der Ueberlieferung zur Last fallen; so hat IV 5 statt
δικαίοις χρῆσθε νόμοις, ἡ die einzige Handschrift χρῆσθε νομίμοις.

Die Predigten des Gregorius, der 570—593 Patriarch von
Antiochien war (Migne 88 p. 1848—1884), sind ebenfalls nach dem
Gesetze gebaut. Die Excerpte aus der Kirchengeschichte des
Theodor Anagnostes, der wohl in Justinian's Zeit lebte, scheinen
das Gesetz zu befolgen. Dieselben können aber überarbeitet und

mit anderen vermischt sein; desshalb ist eine Einzel-Untersuchung zu wünschen.

In diesen Zeiten wurde das Gesetz bedeutend geändert. Ich nehme als Muster dieser Aenderung zunächst den Theophylaktus Simokatta um 600 (Dialog und Briefe bei Boissonade 1835 und bei Hercher, Geschichte von De Boor 1887). Die Kunst oder vielmehr die Künstelei dieses Mannes würdigt man erst dann richtig, wenn man weiss, dass auch er in den kleinsten Sinnespausen vor die letzte Hebung stets mindestens 2 Senkungen setzt. Dabei zeigt sich aber die Neuerung, dass *nach* der letzten Hebung regelmässig 2 Senkungen stehen, selten nur eine oder keine.

Auf der Synode von 788 wurde die laudatio omnium martyrum eines Konstantinus diaconus Constantinop. citirt; Mai hat dieselbe herausgegeben (Spicil. Rom. X und Migne 88 p. 479—580) und setzt sie mit vieler Wahrscheinlichkeit lange vor 788 an. Auch diese umfangreiche Predigt ist nach meinem Gesetze gebaut; doch wird auch hier der doppeldaktylische Schluss weit vor dem adonischen oder choriambischen bevorzugt.

So werden wir die nächste Stufe der Entwicklung begreifen, dass nur der doppeldaktylische Schluss zugelassen, der adonische und choriambische oder, anders gesagt, der paroxytone und oxytone fast ausgeschlossen wurde.

Johannes Eleemosynarius, 609—616 Patriarch von Alexandria, hat, wie mir Freund Usener mittheilt, in einer (noch nicht gedruckten) Schrift ausschliesslich den doppeldaktylischen Schluss angewendet.

Geradezu betäubend wirkt die unendliche und ununterbrochene Masse der doppeldaktylischen Schlüsse in den Reden des Sophronius, seit 629 Patriarch von Jerusalem (Migne 87c p. 3148—3696); dazu gehört, wie Usener beweisen wird, das dem Georgius Pisida zugeschriebene Leben des Anastasius (bei Migne 92 S. 1680—1729; feste handschriftliche Grundlagen bieten die beiden von Usener im Rhein. Museum 41, 1886, S. 501—516 und in dem Bonner Programm von 1889 gedruckten Reden).

Beim Lesen dieser betäubenden Fülle von doppeldaktylischen Schlüssen des Sophronius hat Bouvy erkannt, dass hier ein bestimmtes Gesetz herrsche (S. 198—202); leider hat er selbst diese Erkenntniss durch einige Hypothesen sehr getrübt, was besonders die Liste der Homélies syntoniques S. 361—363 beweist. So setzte er S. 197 den Anastasius Sinaita dem Sophronius gleich mit

den Worten »La plupart des homélies d'Anastase le Sinaïte et de
Sophrone présentent les mêmes caractères pour le style et pour le
rythme« und S. 362 rechnet er zu den Homélies syntoniques »Tous
les discours d'Anastase le Sinaïte, en particulier le sermon *sur les
défunts* Migne 89 p. 1192«. Was das heissen soll, verstehe ich
wenigstens nicht. Jene Seite (1192) allein enthält eine Reihe von
Schlüssen mit Paroxytonon und Oxytonon: also ist keine Rede von
einem daktylischen Schlussgesetz, wenn ein solches bei Andern
wirklich je existirt hat, noch weniger von dem ausschliesslich
doppeldaktylischen Schlusse des Sophronius. Dann lese ich auf
jener ersten Spalte die 6 Schlüsse: πρὸς Χριστὸν ὅσιοι· ἀθορύβους
τόπους· θεῷ εὐάρεστον· χελιδόνες εὔλαλοι· ἐρημικαὶ καὶ πάναγνοι· ὑμῶν
οὐ βλέπομεν. Also hat an dieser von Bouvy besonders hervorge-
hobenen Stelle Anastasius nicht einmal das von mir nachgewiesene
Gesetz befolgt. Ebenso steht es in den übrigen von Migne 89
p. 36—849, 1032—1288 und von Pitra Historia iuris eccles. Graec. II
p. 251—280 gedruckten Schriften des Anastasius.

Die dem A n d r e a s Kretensis (etwa 650—720) zugeschriebenen
Reden (Migne 97 S. 805—1297) zeigten, wo ich sie prüfte, den
gleichen Charakter, überwiegend doppeldaktylischen Schluss, seltener
den regelmässigen trochäischen oder oxytonen Schluss.

Viel unsicherer ist der Boden in den Predigten, welche (Migne 96
S. 545—813) unter dem Namen des J o h a n n e s D a m a s c e n u s
(etwa 690—750) gedruckt sind. Offenbar war die erste Rede ursprünglich rythmisch gebaut, mit ganz vorwiegend doppeldaktylischem
Schlusse, doch verletzt der jetzige Text in nicht wenigen Fällen
die Regel; die 2. Predigt scheint keine Regel zu kennen; u. s. f.
In diesen Dingen kann nur eine genaue Prüfung aller einzelnen
Predigten Klarheit schaffen. Freilich ist auch in den Prologen
vieler Traktate und z. B. in den Reden pro imaginibus die Kenntniss
der Regel unbestreitbar; aber die sehr vielen richtigen Schlüsse
sind mit manchen falschen gemischt.

Ein interessantes Stück ist die lange Lebensbeschreibung des
Nikephorus, verfasst von dem I g n a t i u s Diaconus (um 800—850)
und zuletzt von De Boor als Anhang zum Nikephorus herausgegeben, S. 139—217. Wie Theophylaktus Simokatta hat Ignatius
zwischen die gewöhnlichen daktylischen Schlüsse selten Paroxytona
oder Oxytona gesetzt.

In dem 105. Bande von Migne's Patrologie stehen zwei hübsche
Stücke: S. 940—976 das Leben des Hymnographen J o s e p h u s von

einem Diaconus Johannes verfasst mit reinen rythmischen Schlüssen, und S. 864—926 das Leben des Nikolaus Studita. Dieses ist durch seine Form besonders bemerkenswerth:.es enthält fast nur doppeldaktylische Schlüsse; doch ist unbedingt Nebenaccent gestattet, aber so, dass 3 Senkungen vor der letzten Hebung vermieden werden. Ausser der Schrift des Johannes Eleemosynarius und den vielen des Sophronius habe ich bis jetzt nur in diesem Stücke ausschliesslich den doppeldaktylischen Schluss oder den Schluss mit 2 Senkungen sowohl vor als nach der letzten Hebung angewendet gefunden. Von den etwa 10 Schlüssen mit Paroxytonon oder Oxytonon mögen manche der Ueberlieferung zur Last fallen, wie die meisten der wenigen falsch gebildeten doppeldaktylischen Schlüsse: z. B. 888 A δαλῶν οὐδὲν (οὐχ) ἐλάττονας. 905 A ἐν πλησμονῇ γαστρὸς (οὐ?) γεγένημαι. 925 A τῆς ἐχχλησίας τῷ συστήματι (τὸ σύστημα?).

Im Ganzen hat die Mode neue Bahnen eingeschlagen. Die Griechen der Zeit kannten die alten Dichter und ehrten die Fülle des Schönen, das sie boten. Allein sie waren eifrige Christen; der lange und prächtige Gottesdienst füllte ihre Sinne; ihr dichterischer Bedarf wurde durch die grosse Menge von Hymnen, welche nach Zahl und Accent der Silben kunstvoll aufgebaut wurden, reichlich befriedigt. Der von mir nachgewiesene Bau der Prosa nach den Wortaccenten war auch etwas Neues, was diese Leute nicht in den sonst hochgeehrten heidnischen Vorbildern fanden; allein in ihrer christlichen Literatur fanden sie viele Beispiele. Wie in der Dichtkunst, war desshalb auch in der Prosa das neue Gesetz Mode geworden. Nur schieden sich hier natürlich 2 Richtungen. Die Einen hielten sich streng an das Gesetz, die Andern dagegen sahen bei allem Respekt vor der Mode nicht ein, wesshalb gerade in jedem Einschnitte vor der letzten Hebung immer 2 Senkungen stehen sollten und setzten hie und da nur eine oder auch gar keine. Die Schriftsteller der letzteren Art sind für Untersuchungen, wie die meinen, unbequem. Allein es giebt nicht wenige Schriftsteller des 9. bis 15. Jahrhunderts, in denen man nur ziemlich selten Schlüsse findet, welche gegen meine Regel verstossen. Oft zweifelt man, ob diese Abweichungen nur schlechten Abschreibern und Herausgebern zur Last fallen; oft liegt auch eine andere Möglichkeit vor: Predigten, Heiligenleben, Geschichtswerke sind in jenen Jahrhunderten stark umgearbeitet worden; der richtige rythmische Bau des Originals hat dabei mehr oder weniger deutliche Spuren hinterlassen. So sind in den Schriften und Heiligenleben das Simeon

Metaphrastes (10. Jahrh.), in den Fortsetzern des Theophanes (10. Jahrh.); in den Werken des Johannes Skylitzes (Schluss des 11. Jahrh.), im Zonaras (12. Jahrh.), im Nikephorus Kallistos Xanthopulos die gegen meine Regel verstossenden Schlüsse ziemlich selten. Bei den Einen mag das Mode sein, bei den Andern aber mag die ursprünglich reine Form getrübt vorliegen. Einzeluntersuchungen mögen hier durch die Rücksicht auf mein Gesetz gefördert werden; ich habe fast nur auf die Schriftsteller geachtet, bei denen das Gesetz durchaus befolgt zu sein schien, und auch in diesen Grenzen habe ich kleinere Stücke, wie einzelne Predigten, Gesetze, Urkunden u. s. w. jetzt nicht berücksichtigt.

Genesius, der um 950 die neuere Geschichte darstellte (Bonn 1834, Migne 117), dann Leo Diaconus, der kurz vor dem Jahre 1000 über die zeitgenössische Geschichte die für uns wichtigste Darstellung verfasste (Bonn 1828, Migne 117), setzen stets vor die letzte Hebung mindestens 2 Senkungen.

Michael Psellus (etwa 1018—1079) ist ein treffliches Beispiel jener Klasse von Leuten, welche das Gesetz nur als Wohlklangsregel auffassten, welche hie und da verletzt werden könne. Das grosse Geschichtswerk, die Briefe und Reden, welche Sathas, Bibliotheca Gr. medii aevi IV und V, veröffentlicht hat, zeigen auf je 1 oder 2 Seiten einen Schluss, welcher dem Gesetz entgegen ist; sonst sind alle Schlüsse regelrichtig.

Michael Attaliates ist dem Psellus, wie in der Lebenszeit, so auch in der Anwendung des rythmischen Schlusses völlig gleich, sowohl in seiner 1080 vollendeten Zeitgeschichte (Bonn 1853), als in der Ordnung für das von ihm 1077 gestiftete Kloster (Sathas Bibl. Gr. I S. 3—66), soweit hier nicht Zahlen, Eigennamen oder trockene Listen es hindern.

Theophylaktus Bulgarus, der noch 1118 lebte, zeigt in seinen Reden und Briefen (Migne 126) wenige Verstösse gegen die Regel; es ist mir noch unsicher, ob er diese gewollt hat oder ob sie der Ueberlieferung zur Last fallen.

Die Predigten des Theophanes Kerameus (Bischof in Sicilien im 11. oder 12. Jahrhundert), 900 Seiten im 132. Bande von Migne, scheinen alle den rythmischen Schluss anzuwenden.

Wichtig ist, dass die Reden und Briefe des berühmten Stilisten Theodor Prodromus (etwa 1100—1160), welche bei Migne 133 und bei Boissonade Anecd. I 429—435 stehen, das Gesetz durchaus befolgen.

Die dem Cpolitaner Patriarchen Germanus (1221—1240, Migne 140 p. 601—757) zugeschriebenen Briefe und Reden sind ebenfalls nach dem Gesetze gebaut.

In den rhetorischen Schriften und in den Prologen der andern hat Nikephorus Blemmides, der um 1250 blühte, (Migne 142) den rhetorischen Schluss ganz vorwiegend angewendet.

Die Autobiographie und die Reden des Georgios oder Gregorios von Cypern (etwa von 1240—1290, Migne 142, Boissonade Anecd. I 313—393 und in 3 Jenaer Indices lect. 1875—1877) befolgen das Gesetz; nur wenige Ausnahmen finden sich in den Ausgaben.

Die Reden und, wie es scheint, auch die meisten Briefe des Theodulus oder Thomas Magister (um 1300; Migne 145) befolgen den rhetorischen Schluss.

Die umfangreiche neuere Geschichte des Nikephorus Gregoras (1295—1359; Migne 148; vgl. Westermann Excerpta 1865) ist durchschnittlich nach dem rythmischen Gesetz gebaut, zeigt jedoch viele Ausnahmen.

Ebenso findet sich in den Reden des Philotheus († 1379; Migne 151 p. 552—654; 154 p. 720—820) an dem Schlusse grosser Satzglieder das Gesetz eingehalten.

Johannes Anagnostes (Bonn 1838 S. 483—534, Migne 156) schildert in regelrecht gebauter Rede die Eroberung von Thessalonike im Jahr 1430, und Matthaeus Camariota (Migne 160, stark excerpirt und entstellt) baut ebenso regelrecht seine Klage um den Fall Konstantinopels.

Michael Apostolius, etwa 1422 geboren, und sein Sohn Aristobulus Arsenius (Apostolius) von 1465—1535 kannten und befolgten das Gesetz. Das zeigen die Briefe des Michael Apostolius und die Vorreden des Arsenius; vgl. bei E. Legrande, Bibliographie Hellénique I p. LXVIII und II 233—259 die Briefe des Michael, dann I 170. 213. 216. 220. 225 die Vorreden des Arsenius bis 1535. Auch der Freund des Arsenius, Soterianus Kapsalis, hat die erste Ausgabe des Libanius, Ferrara 1517, mit einer Vorrede versehen, welche vor der letzten Hebung der Satzglieder stets 2 oder mehr unbetonte oder freie Silben zeigt.

Folgerungen.

Fast durch 12 Jahrhunderte der spätgriechischen und byzantinischen Prosa habe ich das Gesetz nachgewiesen, dass vor den

durch Sinnespausen gebildeten Einschnitten eine bestimmte Folge
der Wortaccente beobachtet werden müsse, und zwar der Art dass
der letzten durch einen Wortaccent gebildeten Hebung mindestens
2 durch Silben ohne Wortaccent gebildete Senkungen vorangehen.

Diese Regel muthet uns sonderbar an. Denn die, welche eine
der logischen Sprachen reden, binden den Vortrag ganz an die
Stammsilben und das Gefüge der Satzglieder und der Sätze haftet
fast durchaus an dem Klang der einzelnen Stammsilben, welche in
den verschiedensten Abstufungen betont werden. Anders die Griechen
und Römer, die Romanen und überhaupt alle, welche eine der musikalischen Sprachen reden. Wollten diese bei der Deklamation einzelne Silben
hervorheben, so würde, da die Wortaccente meistens nicht auf der Stamm-
silbe, sondern auf irgend einer Ableitungs- oder Endungssilbe liegen,
die Macht der Stimme solche unbedeutenden Worttheile hervorheben
und der Vortrag würde lächerlich und unverständlich werden.
Desshalb ist die Vortragsweise dieser Völker eine ganz andere. Sie zer-
legen die Rede in kleine Wortgruppen, die man rythmische Reihen,
χῶλα, incisa nennen mag. Die einzelne rythmische Reihe wird, abgesehen
vom Schluss, fast mit dem gleichen Tone gesprochen; die nöthige
Abwechselung der Rede wird hauptsächlich dadurch erreicht, dass
die einzelnen Reihen in ganz verschiedenen Tonhöhen gesprochen
werden. Wer eine Zeitung oder eine akademische Rede vorliest,
macht längere Reihen und liest jede Reihe in sich fast mit dem
gleichen Tone, nur dass er am Schluss der einzelnen Reihen im Anfang
und in dem Verlaufe der Periode die Stimme steigen, im Ende der
Periode die Stimme sinken lässt. Demjenigen, welcher eine logische
Sprache spricht, klingt dieser Vortrag durchaus einförmig. Gilt es
leidenschaftlich zu sprechen, so reisst z. B. der deutsche Schau-
spieler einzelne Stammsilben, welche den Sinn tragen, mit starker
Stimme heraus; der italienische stösst eine Menge kleiner Reihen
hervor mit unglaublich schnellem Wechsel der Tonhöhe.

Wie bemerkt, ist bei dem Vortrag der musikalischen Sprachen
in den einzelnen rythmischen Reihen der Schluss die wichtigste Stelle.
Desshalb richteten die Lehrer der Beredsamkeit bei den Griechen
und Römern auf diese Schlüsse ihre besondere Aufmerksamkeit, und
seit Aristoteles hat jeder darüber Lehren gegeben. Doch, was uns
davon erhalten ist, nimmt nur Rücksicht auf die Länge oder Kürze
der Silben, niemals auf die Wortaccente. Freilich die lateinischen Pabstbullen und feinen Schriftstücke aus den guten Zeiten
des Mittelalters schliessen vor Sinnespausen stets so, dass die 2. und

die 4. Silbe den Wortaccent hat: ágitábant, férit cáput, faciét amoénum. Die gleichzeitigen Anleitungen zu einer schönen Schreibweise zeigen, dass die für lange und kurze Silben bestimmten Regeln des Cicero hier auf die Wortaccente übertragen sind.

Unzweifelhaft ist auch die von mir gefundene Regel so entstanden, dass ältere nur die Länge oder Kürze der Silben berücksichtigende Lehren wohl im Laufe des 4. Jahrhunderts nach Christus von einem Redekünstler auf die Wortaccente übertragen worden sind. So giebt das Aufkommen dieser Regel zunächst einen neuen und wohl von allen bisher gefundenen den kräftigsten Beweis dafür, dass schon in diesen Zeiten die Quantität der Silben bei der Aussprache hinter dem Wortaccent stark oder völlig zurückgetreten war, so dass die Entstehung der grossartigen, nur die Zahl und den Accent der Silben berücksichtigenden griechischen Hymnendichtung völlig vorbereitet erscheint. Die Regel selbst ist nicht übel. Wie bemerkt, ist beim Vortrage in den musikalischen Sprachen der Schluss der rythmischen Reihe die wichtigste Stelle; dadurch dass hier vor der letzten Hebung stets 2 Senkungen sich fanden, klang jede Reihe leicht und angenehm aus; dadurch dass nach der letzten Hebung Senkungen bald folgten bald nicht, war die nothwendige Abwechselung gewahrt. So ist es für den Schönheitssinn der byzantinischen Prosaiker ein gutes Zeugniss, dass sie stets an dieser Regel festhielten, die doch manche Fessel auferlegte. Der entsetzlich eintönige doppeldaktylische Schluss war eine Geschmacksverirrung, von der die Byzantiner sich glücklicher Weise wieder abwendeten.

Ein vornehmes Hilfsmittel wird diese Regel für die Philologen werden. Sie führt zunächst dazu, zu erkennen, wie der Schriftsteller seine Worte gruppirt hat, und leitet so oft zu einem tiefern Verständniss der Schriftstücke. Dann werden mit Hilfe dieses Gesetzes echte und unechte Schriften leichter geschieden werden können, was besonders für die Predigtliteratur wichtig ist. Endlich wird die Kritik der einzelnen Schriften bedeutend erleichtert werden, da hiernach viele Lesarten der Handschriften richtig beurtheilt werden können, ferner an vielen Stellen der Schaden der Ueberlieferung aufgedeckt und zur Heilung Anleitung gegeben wird. So bietet sich Stoff zu erfreulichen Einzeluntersuchungen, welche wiederum die Geschichte dieser Wohlklangsregel beleuchten und vielleicht zur Auffindung von verwandten Regeln führen werden. Wie blind wir in diesen Dingen oft sind, das zeigt die nachgewiesene Regel und wird eine ähnliche Regel der lateinischen Prosa zeigen, welche ich hoffe bald darlegen zu können.

Beispiele.

Als Muster der reinen Gestalt meines Gesetzes, in welcher doppeldaktylischer, adonischer und choriambischer Schluss, also $\overset{\smile\!\!\smile}{}\Big\}\smile\smile\perp\smile\smile$, $\overset{\smile\!\!\smile}{}\Big\}\smile\smile\perp\smile$ und $\overset{\smile\!\!\smile}{}\Big\}\smile\smile\perp$, in richtiger Bildung frei abwechseln, gebe ich von der Rede des Chorikius auf Summus, für welche mehrere Handschriften benutzt sind, den Anfang nach Boissonade, Chorikius 1846 S. 25—27. Man könnte vielfach noch kleinere Satzglieder abtheilen als ich es thue.

(Vorrede:) Ὁ λόγος βραχὺς μέν ἐστι καὶ ἄλλως· ἔτι δὲ δόξει βραχύτερος· εἴ τις αὐτὸν παραβάλλοι τῷ στρατηγῷ* οὐ μὴν ἀπεικότως παρρησιάζεται· τῇ τῶν προτρεψαμένων εὐνοίᾳ θαρρῶν**

Ἄτοπον μὲν ἴσως ἐγχείρημα δόξει καὶ θράσους μεστόν· εἰ νῦν ὅτε κρείττους ἔδει μοι γενέσθαι τοὺς λόγους· οἷα δὴ μείζω τολμῶντας ἡγεμόνα κοσμεῖν· ἐλάττονα γλῶτταν ἥκω σοι φέρων· ὀλίγου καιροῦ τὴν εὐφημίαν ἐργασαμένην* πλὴν ἐπειδὴ κᾶν βραδέως ἐκτίσω τὸν ἔπαινον· νικῶμαι τῷ μεγέθει τῶν ἀρετῶν: ἄσμενος εἶξα τῇ συντομίᾳ τοῦ χρόνου· τὴν ἐκ τοῦ τάχους θηρεύων συγγνώμην* Ἤδη μὲν οὖν τις τὰ Μουσῶν ἐργαζόμενος· εὖ μάλα ποιητικῇ σειρῆνι τὸ θέατρον ἔθελξεν· ἐνιά σου τῶν γνωρισμάτων ὑποτάξας τῷ μέτρῳ* οὐ μὴν ἐντεῦθεν ἡμῖν οἱ λόγοι στενοχωροῦνται· ἀλλ᾽ ὥσπερ μέγα πλέουσι πέλαγος· ὁλκάδες πανταχόθεν πολλαὶ καὶ φόβος οὐδείς· μὴ λάθωσί πού τινες ἀλλήλας πιέζουσαι· οὕτως ἡ τῶν σῶν ἔργων εὐρυχωρία· παντὶ δίδωσιν ἐπαινέτῃ τόπον ἀρκοῦντα* Δεῖγμα δέ σου πρῶτον ἀρχικῆς ἐπιστήμης· τὸ δὶς τὴν αὐτὴν λαχεῖν ἐξουσίαν* οἱ γὰρ τοιαύτης ἀπαίδευτοι τέχνης· ἢ τὸν ἄπαντα χρόνον εἰς ἰδιώτας τελοῦσιν· ἢ μιᾶς ἀπολαύουσι δυναστείας· ἐλεγχομένης αὐτῶν τῆς ἀμαθίας τῇ πείρᾳ: σοῦ δὲ τοῦ καλῶς ἄρξαι τὴν πρώτην ἡ δευτέρα τεκμήριον· τὸ δὲ βραβεῦσαι τὴν προτέραν ὀρθῶς τοῦ φθάσαντος βίου σημεῖον* οὐ γὰρ ἐνῆν ἄνδρα γενέσθαι τοιοῦτον· εἰ μὴ καλῶς ἐν παισὶ καὶ μειρακίοις ἐτράφης* Ἀλλὰ τί σου τὰς βραχυτέρας ἄγομεν ἡλικίας εἰς μέσον· μηδὲ τὰ τῆς παρούσης πλεονεκτήματα χωροῦντος τοῦ λόγου;* ἤδη δὲ πρὸς ταῦτα πορεύσομαι** Ἐγένετο καιρὸς τὴν Ἀντιόχου (τότε γὰρ Ἀντιόχου προσηγορεύετο) σαλεύων τέ καὶ κινῶν· ἕως εἰς ἔδαφος ἔκλινεν* οὗτος ὁ καιρὸς οὐδὲ τῶν Ἀπόλλωνος ἐφείσατο παιδικῶν· οὐ τὸ κάλλος τῆς ἐρωμένης ἐλέησε τοῦ θεοῦ· οὐ τὸν Ζέφυρον ἠρυθρίασε· πράως ἀεὶ περιπνέοντα τὸ χωρίον· οὐ τῶν ὀρνίθων ᾤκτειρε τὰς φωνάς· ὅσοι

3

τοῖς δένδρεσιν ἐφιζάνοντες· ᾄδουσιν ἡδὺ καὶ τερπνόν· τότε δὲ ἴσως ἐλεεινόν· εἴ τις ἄρα κακῶν ὄρνισι πέφυκεν αἴσθησις**

Agathias bevorzugt den adonischen Schluss $\overset{\mu}{\cup\cup}\}\cup\cup\_\cup$, setzt seltener doppelten Daktylus $\overset{\mu}{\cup\cup}\}\cup\cup\_\cup\cup$, noch seltener Choriamb $\overset{\mu}{\cup\cup}\}\cup\cup\_$; dann vernachlässigt er ziemlich oft den Nebenaccent auf der vorletzten Hebung, indem er vor der letzten Hebung nur 3 Kürzen setzt; ich habe diesen falsch gebildeten Nebenaccent mit * bezeichnet $\_\cup\cup\cup\_$. Als Probe nehme ich vom IV. Buch den Anfang des 2. Kapitels.

Τότε δὲ Ῥούστικός τε καὶ Ἰωάννης ἐκ τοῦ δεσμωτηρίου ἠγμένω· ἀνὰ τὸ λαιὸν μέρος ἑστήκατον οἷα δὴ φεύγοντε· ἐπὶ θάτερα δὲ παρῆσαν κατηγορησείοντες τῶν Κόλχων οἱ ἐμφρονέστατοι· καὶ ἤδη ἐκ πλείστου τὴν Ἑλλάδα φωνὴν ἐκμεμαθηκότες* ἐδέοντο δὲ πρότερον τὴν παρὰ βασιλέως ἐπιστολὴν ἐν κοινῷ ἀνακηρύττεσθαι· ἥνπερ ἐτύγχανε πρότερον ὁ Ἰωάννης τούτων δὴ πέρι τοῖς στρατηγοῖς διακομίσας* ἀλλὰ γὰρ καὶ τῷ διαιτητῇ ξυνδοκοῦν· γεγωνότερόν τις αὐτὴν τῶν ἐς τοῦτο τεταγμένων διεξήει· ὧδέ πως ἔχουσαν* ἄπιστον μὲν καὶ παράλογον· τὸ πρὸς ὑμῶν ἀνηγγελμένον· ὡς ἄρα βουλομένῳ ἐστὶ τῷ Γουβάζῃ· τὰ πάτρια ἤθη καταπροεμένῳ· καὶ τοὺς ἐν ἅπασιν ὁμόφρονας καὶ ἀνέκαθεν ἡγεμόνας· τοὺς Ῥωμαίους φαμὲν· ἐπὶ τοὺς ἐχθίστους τε καὶ ἀλλοτριωτάτους· καὶ πρός γε τὰ ἐς θεὸν ἑτερογνώμονας μεταχωρῆσαι· καὶ ταῦτα οὐδέν ὁτιοῦν ἐξ ἡμῶν ἄχαρι προπεπονθότι* πλὴν ἀλλ' ἐπειδὴ γιγνώσκομεν τὰ ἀνθρώπεια παλίμβολά τέ καὶ ὀλισθηρά· καὶ τῇ ποικιλίᾳ τῶν παρεμπιπτόντων ξυμπεριάγεσθαι πεφυκότα· οὐ παντάπασιν ἀπιστεῖν ᾠήθημεν χρῆναι· οὐδὲ μεθεῖναι μὲν τὸ φυλάξασθαι τὰ παρ' ἐκείνου· εἴτε ἴσως εἴτε πάντως βεβουλευμένα· καταλιπεῖν δὲ ἐν ἡμῖν αὐτοῖς φροντίδα περιττὴν καὶ ἀμφιρρόπους ἐννοίας· ἐπ' ἀδήλῳ ἔτι κειμένου τοῦ τέλους**

Als Muster des einförmigen doppeldaktylischen Schlusses nehme ich den Anfang der Weihnachtspredigt des Sophronius, welche Usener im Rheinischen Museum (Bd. 41, 1886, S. 501—516) nach der münchner Handschrift 221, 15. Jahrh., und der pariser 1171, 10. Jahrh., abgedruckt hat.   Sophronius setzt mit Vorliebe auch auf die vorletzte Hebung vollen Accent, so dass die Form $\_\cup\cup\_\cup\cup$ gewöhnlich, die Form $\cup\cup\cup\cup\_\cup\cup$ ziemlich selten ist. Die Folge ist, dass die Schlusswörter nur aus 3, 4 oder 5 Silben bestehen.

(Titel:) Εἰς τὰ θεῖα τοῦ σωτῆρος γενέθλια· ἐν ἁγίᾳ κυριακῇ κα
ταντήσαντα· καὶ εἰς τὴν τῶν Σαρακηνῶν ἀταξίαν καὶ φθαρτικὴν ἐπα
νάστασιν**

Φαιδρὰν τὴν παροῦσαν ἡμέραν ὁρῶ καὶ ὑπέρλαμπρον· καὶ διπλοῖς
ἡμᾶς καταυγάζουσαν κάλλεσι· καὶ λαμπρότησι διτταῖς καὶ φαιδρότησι
λάμπουσαν· οὐχ ὡς ἡλίων δύο διπλοῦν ἡμῖν ὑποφαίνουσαν· καὶ οὕτω
διπλαῖς περιαστράπτουσαν χάρισιν· ἀλλ' ἕνα τῆς δικαιοσύνης τὸν ἥλιον
φέρουσαν· διπλῶς ἡμῖν τοῖς ἐπὶ γῆς ἀνατέλλοντα· καὶ διττὰς ἡμῖν τὰς
μαρμαρυγὰς παρεχόμενον· καὶ ὁμοίως διττὰς πνευματικὰς εὐφροσύνας ἐντίκ
τοντα· τοῦτο μὲν παρθενικῆς ἐκ νηδύος γεννώμενον· καὶ ἔνθεον χαρὰν τοῖς ἐπὶ
γῆς χαριζόμενον· τοῦτο δὲ ἐκ τῶν Ἅιδου μυχῶν ἀνιστάμενον· τὸν ἀμειδῆ
νεκρώσαντα θάνατον· καὶ πάντας αὐτοῦ τοὺς νεκροὺς ἀφελόμενον· καὶ
ἄφθαρτον ζωὴν καὶ ἀθάνατον· τοῖς ἐπιγείοις ἡμῖν πρυτανεύοντα* εἰς
ταὐτὸν γὰρ συνῆλθον ἀμφότερα· κατ' ἐκεῖνό που τὸ ἐν ψαλμοῖς μελωδούμενον·
(Psalm 84, 11—13) Ἔλεος καὶ ἀλήθεια συνήντησαν† δικαιοσύνη καὶ
εἰρήνη κατεφίλησαν† ἀλήθεια ἐκ τῆς γῆς ἀνέτειλεν† καὶ δικαιοσύνη ἐκ
τοῦ οὐρανοῦ διέκυψεν† καὶ γὰρ ὁ κύριος δώσει χρηστότητα· καὶ ἡ γῆ
ἡμῶν δώσει τὸν καρπὸν αὐτῆς†† Καὶ γέννησις γὰρ ἐν ταὐτῷ Χριστοῦ
καὶ ἀνάστασις ἔφθασεν· καὶ κυρία γὰρ αὕτη τῶν ἡμερῶν κατοπτεύεται.
ὡς τὸν κύριον αὐτὸν ἐκ νεκρῶν ἀνιστάμενον ἔχουσα· καὶ τῷ αὐτοῦ το
κετῷ πλουτεῖ τὰ γενέθλια* ὧν οὐδὲν οὔτε ἰδεῖν ὑπάρχει λαμπρότερον·
οὔτε διανοίας ὀφθαλμοῖς θεωρῆσαι φαιδρότερον* τί γὰρ ἂν εἴη θεοῦ
θειοτάτης γεννήσεως· περιλαμπέστερόν τε καὶ φαεινότερον (M, oder mit
P τὲ καὶ φανότερον)· ἢ τί ἄν τις ἐνθυμούμενος φήσειε· θεοῦ θείας ἐκ
νεκρῶν ἀναστάσεως· περιαυγέστερόν τε καὶ φαιδρότερον;

Die meisten Redekünstler, auch diejenigen, welche nur doppeldaktylischen Schluss bilden, lassen auf der vorletzten Hebung
regelmässig auch den Nebenaccent zu, setzen also vor die letzte
Hebung mindestens 4 freie oder unbetonte Silben; damit ergaben
sich häufige Schlusswörter von 6 und mehr Silben. Ich nehme als
Beispiel den Anfang der Vita des Nikolaus Studita (Migne 105 p. 864
aus einer Pariser Handschrift; nach Acta Sanctorum Boll. 4. Febr.
liegt eine andere in Florenz).

Οἱ τοὺς Ὀλυμπίους ἀγῶνας κρατοῦντες καὶ τούτοις ἐκθειάζειν ἐθέ
λοντες· ῥητορικοῖς ἔπεσι πρὸς ὕψος αἴρειν φιλονεικοῦσι τὸν ἔπαινον· τῇ
δεινότητι τῶν λόγων καὶ τῇ εὐεπείᾳ τῆς φράσεως τὸ πᾶν χαριζόμενοι·
ὡς ἂν ὁ τῆς παιδείας ἤπερ ὁ ἀληθὴς μᾶλλον τῶν πραγμάτων νόμος δι'
ἀκριβείας ἐγκωμιάζηται* πέφυκε γὰρ ἰδίως ἔχειν πᾶν τὸ ποθούμενον·
φέρεσθαι τῶν ἄλλων ὑπεραλλόμενον* Οἱ δὲ τὰς τῶν μεγίστων ἀνδρῶν

ἀριστείας ἀποθαυμάζοντες· καὶ τούτοις καταγεραίρειν βουλόμενοι· οὐ ταῖς ῥητορικαῖς πιθανότησι· ἢ τοῖς τῆς φιλοσοφίας τεχνολογήμασι· τὸ τῆς ἀνδραγαθίας αὐτῶν συνιστῶσι παγκράτιον: μόνην δὲ τὴν ἀλήθειαν ὑφαπλώσαντες· καὶ ταύτῃ τὴν πρᾶξιν οὕτω πὼς σχεδιάσαντες· ἀνιστοροῦσι τὴν ἀρετὴν τῶν ἀγώνων ἔνθεν ἀπογυμνοῦντες τὸ μέγεθος** Φέρε οὖν καὶ ἡμεῖς ἐπείπερ ὑπόθεσιν(·) ὁ λόγος τὸν μέγαν τῆς εὐσεβείας λαμπτῆρα καὶ κοινὸν ἡμῶν πατέρα Νικόλαον· διὰ τοῦ λόγου(?) μέσον προτίθεται· μικρά τινα τῶν αὐτοῦ καθόσον οἶόν τε διαζωγραφήσωμεν: μνήμης ἐμπύρευμα πρὸς τὴν τῶν ἐντυγχανόντων ὠφέλειαν· τὰ μακρῷ τῷ χρόνῳ τῇ σιωπῇ καλυπτόμενα· καὶ λήθης βυθοῖς ἀμαυρούμενα χρεωστικῶς ἀνιμώμενοι· καὶ φανεροποιοῦντες εἰ καὶ ἀτέχνως πλὴν φιλαλήθως τοῖς μετέπειτα (τοῖς ἔπειτα?).

Als letztes Beispiel stehe hier die Vorrede, mit der Arsenius in seinem Todesjahre (1535) die Ausgabe der Rede des Alkinous in die Welt sandte (aus Legrand, Bibliogr. Hellén. I 225):

Ὥσπερ τοὺς μετιόντας τὰ τῶν ῥητόρων· πρῶτον τὰ τοῦ Ἀφθονίου προγυμνάσματά μυηθῆναι· τῶν ἀναγκαίων εἶναι δοκεῖ: οὕτω καὶ τοὺς μετερχομένους τὰ Πλάτωνος· οὐκ ἀμυήτους εἶναι τῶν δογμάτων ἐκείνου· ἃ συνέγραψέν ὁ Ἀλκίνοος* Ἐπεὶ οὖν ἡ τοῦ Ἀριστοτέλους καὶ Ἑρμογένους ῥητορικὴ· τά τε τοῦ Ἀφθονίου ἤδη τετύπωται προγυμνάσματα· Πλάτωνος δὲ πάλαι τυπωθέντος· ὁ λόγος οὗτος μέχρι καὶ τήμερόν οὐ τετύπωται: ἔδοξέ μοι τοῦτον· τυπωσαμένῳ· ἀποστεῖλαί σοι τῷ ἄλλῳ Σταγειροπλάτωνι· τῷ πάντ' ἀρίστῳ καὶ πάντα κεκτημένῳ· ὅσα εἰκότως θαυμάζεται* οὐχ ὅτι πρώην οὐκ ἀνέγνως γέ τουτονί· ἔκπαλαι γὰρ αὐτὸς τοὺς ἡγεμόνας τῶν λόγων· καὶ τοὺς ἐκείνων ἐξηγητὰς· μετ' ἐπιστασίας διεξελήλυθας: ἀλλ' ὅπως τοῖς μήπω τοῦτον εἰδόσιν εἰδέναι γένοιτό διὰ σέ* Ἀσμένως τοίνυν τὸν λόγον ὑπόδεξαι* θρέμμα γὰρ Μουσῶν οὖσαν καὶ Χαρίτων τρόφιμον† (Citat aus Anthol. X, 52) τοῖς ἐκείνων δώροις τὴν σὴν μεγαλοπρέπειαν δεξιούμεθα* Ἔρρωσο**

Spiekeroog im Juli 1891.

Göttingen, Druck der Dieterich'schen Univ.-Buchdruckerei (W. Fr. Kästner).